Tanja Dostal

Heiß geliebte Käsekuchen

Bassermann

Inhalt

Klassiker und Lieblinge

Allerlei Variationen

Torten und Törtchen

Käsekuchen muss es sein!

Er kommt nie aus der Mode – der Käsekuchen. Ob auf klassische Art, wie ihn schon Generationen zuvor gebacken haben oder im neuen Gewand am Stiel oder im Glas – er wird von Jedermann geliebt. Mögen Sie ihn lieber mit Quark, mit oder ohne Boden gebacken oder bevorzugen Sie die Frischkäsevarianten aus dem Kühlschrank? Hier finden Sie, was ihr Herz begehrt.

Damit das Zubereiten der Kuchen auch sicher gelingt, geben wir Ihnen noch einige Tipps mit auf den Weg.

Quark, Frischkäse, Schmand und Co.

Sie spielen beim Käsekuchen die Hauptrolle und machen ihn zu einem wahren Geschmackserlebnis und zum Liebling jedes Kaffeekränzchens.

Speisequark

Quark ist ein Frischkäse, d.h. er wird ohne Reifung hergestellt. Dazu werden pasteurisierter Milch Enzyme (Lab) zugesetzt, was dazu führt, dass sich die festen von den flüssigen Bestandteilen trennen. Der flüssige Teil, die Molke, wird entfernt, was übrig bleibt ist der Quark. Dieser wird je nach gewünschtem Fettgehalt noch mit Sahne gemischt. Speisequark enthält viel hochwertiges Eiweiß und Calcium. Je nachdem wie gehaltvoll der Kuchen sein soll, nimmt man Quark der Fettstufe 20 % oder 40 %.

Doppelrahm-Frischkäse

Er wird aus den festen Bestandteilen der Milch hergestellt und anschließend mit Sahne verfeinert. Im Unterschied zum Speisequark ist seine Konsistenz fester und sein Fettgehalt höher. Doppelrahm-Frischkäse enthält 60 bis 85 % Fett in der Trockenmasse. Er ist ideal für Käsekuchen, die nicht gebacken, sondern lediglich gekühlt werden.

Mascarpone

Mit seinem Fettgehalt von 80 % eignet er sich nicht unbedingt für eine Diät, ist jedoch auf jeden Fall eine Sünde wert. Hergestellt wird er aus frischer Sahne, die durch eine Säure zum Gerinnen gebracht wird. Anschließend wird die Masse abgetropft. Durch die Zugabe von Mascarpone wird der Käsekuchen besonders cremig.

Schmand

Als Schmand bezeichnet man eine löffelfeste Variante der sauren Sahne. Er besitzt jedoch mit 20 % einen höheren Fettgehalt. Hergestellt wird Schmand aus Sahne durch Zugabe von Milchkulturen. Dadurch entsteht Milchsäure, die die Sahne säuerlich und dick werden lässt.

Ricotta

Dieser stammt ebenso wie der Mascarpone aus Italien. Er wird aus Kuh- oder Schafsmilch hergestellt. Dazu wird der Molke Frischmilch und Säure, z.B. Zitronensäure, zugesetzt und anschließend auf 80 bis 90 Grad erhitzt. Dies führt zum Gerinnen. Durch erneutes Erhitzen wird die Flüssigkeit von der Käsemasse getrennt.

Tipps rund um den Käsekuchen

Mit oder ohne Boden

Ob Hefeteig, Mürbeteig oder ein leckerer Keksboden – beim Käsekuchen ist alles erlaubt. Auch Varianten mit Blätter- und Strudelteig schmecken herrlich. Er kommt jedoch auch ganz ohne aus. Hierfür wird die Käsemasse direkt in die Form gegeben und gebacken.

Beim Keksboden werden Kekse zerbröselt, mit Butter gemischt und in die Form gedrückt. Zum Zerkleinern der Kekse verwenden Sie am besten einen Gefrierbeutel, verschließen diesen und rollen mit einem Teigroller so über die Kekse, dass feine Brösel entstehen.

Locker oder fest

Die Konsistenz der Käsemasse hängt natürlich von den verwendeten Zutaten, in erster Linie vom „Käse" ab. Möchten Sie lieber einen lockeren Käsekuchen, verwenden Sie Speisequark oder Kombinationen von Speisequark mit Schmand, Joghurt oder Mascarpone. Besonders locker wird die Käsemasse, wenn Sie die Eier trennen, das Eiweiß steif schlagen und den Eischnee zum Schluss mit einem Schneebesen vorsichtig unter die Masse heben.

Die festeren Varianten werden mit Frischkäse zubereitet. Auch die sogenannten Kühlschranktorten werden daraus hergestellt. Der Frischkäse verleiht ihnen eine cremige Konsistenz.

So wird er nicht dunkel

Käsekuchen wird meist bei eher niedrigen Temperaturen gebacken. Da jedoch die Backzeit recht lange ist, kann es dennoch dazu führen, dass die Oberfläche dunkel wird. Sollte dies der Fall sein, decken Sie den Kuchen mit Alufolie locker ab.

Für eine schöne goldbraune Kruste bestreichen Sie die Käsekuchen-Oberfläche kurz vor Ende der Backzeit mit einer Mischung aus ca. 2 Esslöffeln Milch und 2 Teelöffeln Zucker und backen den Kuchen noch ungefähr weitere 5 Minuten.

So fällt er nicht ein

Käsekuchen geht während des Backens schön auf. Oft ist die Bestürzung groß, wenn er jedoch nach dem Backen aus dem Ofen genommen wird und zusammenfällt. Damit dies nicht geschieht, hier einige Tipps:

- Profis backen den Käsekuchen in 2 bis 3 Durchgängen. Zwischendurch nehmen Sie ihn aus dem Ofen, lassen ihn ca. 10 Minuten abkühlen, lösen zusätzlich den Rand mit einem Messer und setzen danach den Backvorgang fort.

- Lassen Sie den Käsekuchen langsam im ausgeschalteten Ofen abkühlen. Dies können Sie entweder bei geschlossener oder leicht geöffneter Tür machen. Stecken Sie dafür einen Kochlöffel zwischen Tür und Backofen.

- Nach ca. 30 Minuten Backzeit den Kuchen mit einem Messer zwischen Quarkmasse und Teigrand ca. 1 cm tief einschneiden. 5 Minuten ruhen lassen und weiter backen.

Klassiker und Lieblinge

Käsekuchen ohne Boden

für 12 Stück

Zubereitungszeit: *ca. 45 Minuten (ohne Abtropf- und Einweichzeit)*

Backzeit: *45-50 Minuten*

für die Käsemasse

1 kg Magerquark
1-2 EL Rum
50 g Rosinen
1 Päckchen Vanille-Pudding-pulver
400 ml Milch
250 g zimmerwarme Butter
200 g Zucker
1 TL abgeriebene Zitronenschale
4 Eier
4 EL Grieß
1/2 Päckchen Backpulver

außerdem

1 Springform (26 cm Ø), gefettet und mit Grieß ausgestreut

1 Den Quark in ein Sieb geben und gut abtropfen lassen. Rum erwärmen und die Rosinen darin einweichen. Aus Puddingpulver und Milch nach Packungsanleitung einen festen Pudding kochen. Den Pudding in eine Schüssel füllen und abkühlen lassen. Dabei gelegentlich durchrühren, damit sich keine Haut bildet.

2 Den Backofen auf 180 °C (Umluft 160 °C, Gas Stufe 2-3) vorheizen. Die Butter mit Quark und Pudding glatt verrühren. Zucker und abgeriebene Zitronenschale zugeben und unterrühren. Die Eier trennen. Die Eigelbe einzeln unter die Pudding-Quark-Masse rühren. Die Rosinen mit einem Kochlöffel unterziehen. Grieß mit Backpulver mischen und sorgfältig unterrühren. Die Eiweiße steif schlagen und vorsichtig unter die Quarkmasse heben.

3 Eine Springform einfetten und mit Grieß ausstreuen. Die Masse in die Form füllen und glatt streichen. Den Kuchen im heißen Backofen 45 bis 50 Minuten goldgelb backen. Im ausgeschalteten Backofen ca. 15 Minuten ruhen lassen, dann herausnehmen und ganz auskühlen lassen.

Tipp

Wälzt man die Rosinen vorher in Mehl, sinken sie während des Backens nicht auf den Boden.

Schwäbischer Käsekuchen

für 12 Stück

Zubereitungszeit: *ca. 60 Minuten*
Kühlzeit: *ca. 30 Minuten*
Backzeit: *ca. 40 Minuten*

für den Teig

150 g Mehl
1/2 TL Backpulver
70 g Zucker
1 Päckchen Vanillezucker
1 Ei
70 g kalte Butter

für die Käsemasse

6 Eier
500 g abgetropfter Magerquark
125 g saure Sahne
250 g Zucker
80 g Rosinen
1 TL abgeriebene Zitronenschale
2 EL Zitronensaft
1 Prise Salz
50 g Speisestärke
100 g zerlassene Butter

außerdem

1 Springform (26 cm Ø), gefettet
Mehl zum Arbeiten
Puderzucker zum Bestäuben

1 Mehl und Backpulver vermischen, in eine Schüssel sieben, in die Mitte eine Vertiefung drücken. Zucker, Vanillezucker und das Ei hineingeben und mit etwas Mehl vermischen. Die Butter in Stücken darauf verteilen und mit etwas Mehl bedecken. Die Zutaten von der Mitte her zu einem glatten Teig verkneten. 30 Minuten kalt stellen.

2 Eine Springform einfetten. Den Backofen auf 200 °C (Umluft 180 °C, Gas Stufe 3) vorheizen. Für den Belag die Eier trennen. Den Quark durch ein Sieb streichen, mit Eigelben, saurer Sahne und Zucker verrühren. Die Rosinen waschen und trockentupfen. Mit Zitronenschale, Zitronensaft, Salz, Speisestärke und Butter unter die Quarkmasse rühren. Die Eiweiße steif schlagen und unterheben.

3 Den Teig ausrollen, in die Form legen, den Boden mit einer Gabel mehrmals einstechen. Die Quarkmasse daraufgeben und glatt streichen. Den Kuchen im vorgeheizten Backofen etwa 40 Minuten backen. Herausnehmen und auf einem Kuchengitter auskühlen lassen, mit Puderzucker bestäuben.

Tipp

Fügen Sie dem Belag eine Messerspitze Zimt zu. Zimt verfeinert, muss aber vorsichtig dosiert werden.

Käsekuchen vom Blech

für ca. 24 Stück

Zubereitungszeit: *30 Minuten*

Gehzeit: *1 Stunde 20 Minuten*

Backzeit: *20-25 Minuten*

für den Teig

400 g Mehl
1 Päckchen Trockenhefe
70 g Zucker
1 Prise Salz
1 Ei
200 g Sahne
80 g zerlassene, abgekühlte Margarine

für den Belag

2 Eier
300 g Doppelrahm-Frischkäse
70 g Zucker
1 Päckchen Vanillezucker
Saft und abgeriebene Schale von 1 unbehandelten Zitrone

für die Streusel

300 g Mehl
150 g Zucker
150 g Margarine

außerdem

1 Backblech, gefettet oder mit Backpapier ausgelegt
Mehl zum Arbeiten

1 Mehl mit Trockenhefe gut vermischen. Zucker, Salz, Ei, Sahne und Margarine zufügen und alles zu einem glatten Hefeteig verarbeiten. Zugedeckt an einem warmen Ort 1 Std. gehen lassen.

2 Eier trennen, Eigelbe, Frischkäse, Zucker, Vanillezucker, Zitronensaft- und schale verrühren. Eiweiße steif schlagen und unter die Käsemasse heben. Ein Backblech einfetten oder mit Backpapier belegen. Ofen auf 200 °C (Umluft 180 °C, Gas Stufe 3) vorheizen.

3 Den Teig auf einer bemehlten Arbeitsfläche ausrollen, auf das Backblech legen und mit der Käsemasse bestreichen. Mehl, Zucker und Margarine zu Streuseln verkneten, auf der Käsemasse verteilen, Teig weitere 20 Min. gehen lassen.

4 Käsekuchen im vorgeheizten Backofen 20 bis 25 Minuten backen. Den Kuchen nach dem Backen langsam abkühlen lassen. Dafür den Kuchen entweder über Nacht im ausgeschalteten, geschlossenen Ofen abkühlen lassen oder die Tür nach dem Backen nur leicht öffnen.

Feiner Käsekuchen mit Rosinen

für 24 Stück

Zubereitungszeit: *ca. 45 Minuten*

Gehzeit: *50 Minuten*

Backzeit: *45 Minuten*

für den Teig

450 g Mehl
30 g Hefe
100 g Zucker
1/4 l Milch
1 Ei
1 Päckchen Vanillezucker
1 Prise Salz
80 g weiche Butter

für die Käsemasse

150 g Rosinen
6 EL Rum
1 1/2 kg abgetropfter Magerquark
6 Eier
1 Prise Salz
Schale und Saft von 1 unbehandelten Zitrone
250 g Zucker
1 Päckchen Vanille-Puddingpulver
1 EL Zucker
250 g Sahne
100 g Johannisbeergelee

außerdem

1 Backblech, gefettet
Mehl zum Arbeiten

1 Das Mehl in eine Schüssel sieben, in die Mitte eine Vertiefung drücken. Die Hefe zerbröckeln, mit 1 Teelöffel Zucker in etwas lauwarmer Milch verrühren, in die Vertiefung gießen und mit etwas Mehl vom Rand mischen. Den Vorteig zugedeckt an einem warmen Ort 20 Minuten gehen lassen.

2 Auf dem Mehlrand den restlichen Zucker, das Ei, den Vanillezucker, das Salz und die Butter in Stückchen verteilen. Von der Mitte her die Zutaten zu einem glatten Teig verkneten, dabei die restliche Milch zufügen. Nochmals 30 Minuten gehen lassen.

3 Für den Belag die Rosinen waschen und mit Rum beträufeln. Den Quark durch ein Sieb in eine Schüssel streichen. Die Eier trennen. Eigelbe, Quark, Salz, Zitronenschale und Zitronensaft, Zucker, Puddingpulver und die Rumrosinen verrühren. Die Eiweiße mit dem Zucker steif schlagen und unterheben. Die Sahne steif schlagen und ebenfalls unterheben.

4 Den Backofen auf 180 °C (Umluft 160 °C, Gas Stufe 2-3) vorheizen. Ein Backblech einfetten. Den Teig auf bemehlter Fläche ausrollen, auf das Blech legen, einen Rand hochziehen. Den Boden mit einer Gabel mehrmals einstechen. Die Quarkmasse daraufstreichen und den Kuchen etwa 45 Minuten backen.

5 Den Kuchen aus dem Ofen nehmen und in der Form auskühlen lassen. Das Gelee etwas erwärmen, in dünnen Linien über den Kuchen ziehen.

Naumburger Käsekuchen

für 12 Stück

Zubereitungszeit: *ca. 45 Minuten*

Backzeit: *ca. 35 Minuten*

für den Krümelteig

250 g Mehl
150 g Zucker
1 Eigelb
4 EL Rum
150 g kalte Butter
1/2 Päckchen Backpulver
1 Päckchen Vanillezucker
1/2 TL Zimt

für die Käsemasse

5 Eier
125 g weiche Butter
150 g Zucker
1 Päckchen Vanillezucker
50 g Grieß
1 TL abgeriebene Zitronenschale
750 g abgetropfter Magerquark
125 g Pflaumenmus

außerdem

1 Springform (26 cm Ø), gefettet
Puderzucker zum Bestäuben

1 Mehl, Zucker, Eigelb, Rum, Butter, Backpulver, Vanillezucker und Zimt zu Krümeln verarbeiten und kalt stellen.

2 Eine Springform einfetten. Die Hälfte der Krümel einfüllen und etwas andrücken. Den Backofen auf 200 °C (Umluft 180 °C, Gas Stufe 3) vorheizen.

3 Für die Käsemasse die Eier trennen. Die Butter schaumig rühren. Eigelbe, Zucker, Vanillezucker, Grieß und Zitronenschale unterrühren. Den Quark durch ein Sieb streichen und zusammen mit dem Pflaumenmus untermengen. Eiweiße steif schlagen und unterheben.

4 Die Masse auf dem Krümelteig verteilen und mit den restlichen Krümeln bedecken. Im vorgeheizten Backofen etwa 35 Minuten backen. Im leicht geöffneten Backofen auskühlen lassen. Vor dem Servieren mit Puderzucker bestäuben.

Feiner Mohn-Käsekuchen

für 24 Stück

Zubereitungszeit: *ca. 90 Minuten*
Kühlzeit: *ca. 60 Minuten*
Backzeit: *45-50 Minuten*

für den Teig

400 g Mehl
1/2 TL Backpulver
75 g Zucker
1 Päckchen Vanillezucker
2 Eier
180 g weiche Butter

für den Mohnbelag

2 Päckchen backfertige Mohnmischung
2 EL Orangensaft oder Wasser
2 Eier
100 g Rosinen

für den Quarkbelag

1 unbehandelte Orange
2 Eier
80 g Butter
750 g Quark (20 % Fett)
150 g Zucker
1 Päckchen Sahne-Puddingpulver

außerdem

1 Backblech, gefettet und mit Backpapier belegt
Mehl zum Arbeiten
Orangenmarmelade und 2 EL Orangensaft zum Bestreichen

1 Für den Teig das Mehl mit dem Backpulver in eine Rührschüssel geben, alle anderen Zutaten hinzufügen und mit den Knethaken des Handrührgeräts gründlich verkneten. Den Teig in Folie gewickelt 1 Stunde kühl stellen.

2 Für den Mohnbelag die Mohnmischung mit Orangensaft oder Wasser, Eiern und Rosinen verrühren.

3 Für den Quarkbelag die Orange waschen, abtrocknen und die Schale abreiben. Eier trennen, Eiweiße steif schlagen. Butter zerlassen und mit Quark, Orangenschale, Eigelben, Zucker und Sahne-Puddingpulver gut verrühren. Zuletzt den Eischnee unterheben.

4 Das Backblech leicht einfetten und mit Backpapier belegen. Den Backofen auf 180 °C (Umluft 160 °C, Gas Stufe 2-3) vorheizen. Den Teig ausrollen, auf das Blech legen und den Quarkbelag darauf verteilen. Dann die Mohnmischung gleichmäßig in Klecksen auf den Quark geben. Den Kuchen im heißen Backofen 45-50 Minuten backen.

5 Die Orangenmarmelade mit dem Saft erwärmen, damit sie streichfähig wird, und den fertigen Kuchen damit bestreichen.

Rahmkuchen mit Streuseln

für 24 Stücke

Zubereitungszeit: *ca. 60 Minuten*

Kühlzeit: *ca. 30 Minuten*

Backzeit: *ca. 40 Minuten*

für den Teig

150 g Mehl
1/2 TL Backpulver
60 g Zucker
1 Ei
80 g kalte Butter

für die Käsemasse

500 g abgetropfter Magerquark
200 g Schmand
200 g Zucker
6 Eier
40 g Speisestärke
500 g Sahne

für die Streusel

125 g Butter
125 g Zucker
150 g Mehl
1 EL Kakaopulver

außerdem

1 Springform (26 cm Durchmesser)
Mehl zum Arbeiten
2-3 EL Sahne
Puderzucker zum Bestäuben

1 Mehl und Backpulver vermischen, in eine Schüssel sieben, in die Mitte eine Vertiefung drücken. Zucker und Ei hineingeben, etwas Mehl vom Rand einrühren. Die Butter in Stücken darauf verteilen, mit Mehl bestäuben. Die Zutaten von der Mitte her zu einem glatten Teig verkneten. 30 Minuten kalt stellen. Den Backofen auf 180 ° C (Umluft 160 ° C, Gas Stufe 2-3) vorheizen.

2 Eine Springform einfetten. Den Teig auf bemehlter Fläche ausrollen, in die Form legen und einen Rand hochziehen. Den Boden mit einer Gabel mehrmals einstechen.10 Minuten vorbacken.

3 Für die Käsemasse den Quark durch ein Sieb streichen, mit Schmand verrühren. Zucker, Eier und Speisestärke dazugeben. Die Sahne steif schlagen und unterheben.

4 Butter, Zucker, Mehl und Kakao mischen und zu Streuseln verarbeiten. Die Streusel in den Kühlschrank stellen. Die Quarkmasse auf den vorgebackenen Teig streichen, die kalten Streusel darauf verteilen. Den Rahmkuchen weitere 30 Minuten backen.

5 Den fertigen Kuchen herausnehmen, sofort mit der Sahne beträufeln und mit Puderzucker bestäuben.

Eierlikör-Käsekuchen

für 12 Stück

Zubereitungszeit: *ca. 60 Minuten*
Kühlzeit: *ca. 30 Minuten*
Backzeit: *40 Minuten*

für den Teig

150 g Mehl
1 TL Backpulver
70 g Zucker
2 Eigelbe
1 EL Milch
60 g kalte Butter

für die Quarkcreme

1 Päckchen Vanille-Pudding-pulver
100 g Zucker
1/2 l Milch
30 g Rosinen
400 g abgetropfter Magerquark
30 g gehackte Mandeln
2 Eiweiße

für die Eierlikörcreme

2 Eier
80 g weiche Butter
80 g Zucker
1 Päckchen Vanillezucker
1/8 l Eierlikör
1 Prise Salz
20 g Speisestärke

1 Mehl und Backpulver vermischen, sieben, in die Mitte eine Vertiefung drücken. Zucker, Eigelbe und Milch hineingeben, etwas Mehl vom Rand einrühren. Die Butter in Stücken daraufgeben, mit Mehl bedecken. Die Zutaten von der Mitte her zu einem glatten Teig verkneten. 30 Minuten kalt stellen.

2 Den Backofen auf 180 °C (Umluft 160 °C, Gas Stufe 2-3) vorheizen. Eine Springform einfetten. Den Teig ausrollen, in die Springform geben und einen Rand hochziehen. Den Boden mit einer Gabel mehrmals einstechen. Im vorgeheizten Backofen 10 Minuten vorbacken.

3 Für die Quarkcreme das Puddingpulver mit dem Zucker und etwas Milch mischen. Die restliche Milch zum Kochen bringen, das angerührte Puddingpulver einrühren, aufkochen lassen. Vom Herd nehmen.

4 Die Rosinen waschen und trockentupfen. Den Quark durch ein Sieb streichen. Rosinen und Mandeln dazugeben und unterrühren. Eiweiße steif schlagen und unter die Creme heben. Die Quarkmasse auf den vorgebackenen Boden streichen.

5 Die Eier trennen. Butter mit Zucker und Vanillezucker cremig rühren. Zuerst Eigelbe, dann Eierlikör zufügen und unterrühren. Eiweiße mit Salz steif schlagen und mit der Speisestärke unter die Eierlikörcreme heben. Die Creme auf der Quarkmasse verteilen und den Kuchen weitere 30 Minuten backen.

außerdem

1 Springform (26 cm Ø), gefettet

Käsekuchen mit Äpfeln und Mandeln

für 24 Stück

Zubereitungszeit: *ca. 60 Minuten*
Gehzeit: *ca. 90 Minuten*
Backzeit: *ca. 40 Minuten*

für den Teig

400 g Mehl
25 g Hefe
1/8 l lauwarme Milch
100 g Zucker
80 g Butter
1 Ei, 1 Prise Salz

für den Belag

1 Päckchen Vanille-Puddingpulver
1/2 l Milch
100 g Zucker
1 unbehandelte Zitrone
1,5 kg Äpfel (z. B. Braeburn)
60 g Butter
250 g Quark (40% Fett)
1 Ei, 30 g Vanillezucker
100 g Mandelblättchen
1 Glas Orangengelee oder -marmelade (400-450 g)
2 EL Cointreau oder Orangensaft

außerdem

1 Backblech, gefettet
Mehl zum Arbeiten

1 Für den Teig das Mehl in eine Schüssel sieben. In die Mitte eine Mulde drücken. Die Hefe in der Milch auflösen und mit 1 Esslöffel Zucker und 1 Esslöffel Mehl verrührt in die Mulde gießen. Abdecken und den Vorteig an einem warmen Ort gehen lassen, bis die Oberfläche Risse zeigt.

2 Die Butter zerlassen, mit dem restlichen Zucker, Ei und Salz zum Vorteig geben und mit dem Mehl vermengen. Gut kneten, bis der Teig sich vom Schüsselrand löst. Abdecken und gehen lassen, bis der Teig sich etwa verdoppelt hat.

3 Das Backblech gründlich mit Butter einfetten und den Teig darauf ausrollen. Abdecken und nochmals 30 Minuten gehen lassen.

4 Für den Belag den Pudding nach Packungsvorschrift mit Milch und Zucker zubereiten und auskühlen lassen. Die Zitrone waschen, abtrocknen und die Schale abreiben, den Saft auspressen. Die Äpfel schälen, vierteln und in gleichmäßige Spalten schneiden und mit dem Zitronensaft beträufeln. Die Butter zerlassen. Den Backofen auf 200 °C (Umluft 180 °C, Gas Stufe 3) vorheizen.

5 Den Quark mit Pudding, Ei, Vanillezucker, Butter und Zitronenschale verrühren, über dem Hefeteig verteilen und mit den Apfelspalten belegen. Den Kuchen im heißen Backofen etwa 40 Minuten backen.

6 Die Mandelblättchen in einer Pfanne ohne Fett rösten, bis sie zu duften beginnen. Orangengelee mit Cointreau oder Saft verrühren und leicht erwärmen, damit es streichfähig wird. Den fertigen Kuchen damit bestreichen und zum Schluss die Mandelblättchen darüberstreuen.

Käsekuchen mit Äpfeln

für 12 Stück

Zubereitungszeit: *ca. 75 Minuten*
Kühlzeit: *ca. 60 Minuten*
Backzeit: *35-40 Minuten*

für den Teig

150 g Mehl
50 g Zucker
1 Prise Salz
1 Päckchen Vanillezucker
1/2 TL abgeriebene Schale einer unbehandelten Zitrone
100 g kalte Butter

für den Belag

100 g Rosinen
4 EL Rum
1/2 Päckchen Vanille-Puddingpulver
100 g Zucker
1/4 l Milch
200 g abgetropfter Magerquark
100 g Schmand
1 Ei
1 TL abgeriebene Schale einer unbehandelten Zitrone
750 g säuerliche Äpfel, z. B. Gravensteiner oder Boskop
2 EL Zitronensaft
30 g gehackte Mandeln
100 g Aprikosenkonfitüre
1 EL Obstgeist

1 Das Mehl in eine Schüssel sieben, in die Mitte eine Vertiefung drücken. Zucker, Salz, Vanillezucker, Zitronenschale und die Butter in Stücken hineingeben. Mit Mehl bedecken. Die Zutaten von der Mitte her zu einem glatten Teig verkneten. 30 Minuten kalt stellen.

2 Den Backofen auf 200 °C (Umluft 180 °C, Gas Stufe 3) vorheizen. Eine Springform einfetten, den Teig auf bemehlter Fläche ausrollen, in die Form legen und etwas andrücken. Den Boden mit einer Gabel mehrmals einstechen und 10 Minuten vorbacken. Danach die Temperatur auf 180 °C (Umluft 160 °C, Gas Stufe 2-3) reduzieren.

3 Für die Käsemasse die Rosinen waschen und mit Rum beträufeln. Das Puddingpulver mit dem Zucker in etwas kalter Milch verrühren. Die restliche Milch zum Kochen bringen, das angerührte Puddingpulver einrühren, aufkochen lassen, vom Herd nehmen und auskühlen lassen. Dabei ab und zu umrühren, damit sich keine Haut bildet. Quark, Schmand, Ei, Rosinen und Zitronenschale unterrühren.

4 Die Äpfel schälen, in Spalten schneiden, dabei das Kerngehäuse entfernen. Mit Zitronensaft beträufeln. Die Quarkmasse auf den vorgebackenen Teig streichen, die Apfelspalten darauf anordnen und mit den Mandeln bestreuen. Den Kuchen weitere 25 bis 30 Minuten backen. Aprikosenkonfitüre durch ein Sieb streichen, erwärmen, mit dem Obstgeist verrühren und den Kuchen damit bestreichen.

außerdem

1 Springform (26 cm Ø), gefettet
Mehl zum Arbeiten

Birnenkuchen mit Quarkpudding

für 12 Stück

Zubereitungszeit: *ca. 45 Minuten*
Backzeit: *45-50 Minuten*

für den Streuselteig

375 g Mehl
35 g Kakaopulver
100 g Zucker
175 g Butter

für den Belag

750 g feste Birnen
1-2 EL Zitronensaft

für die Puddingcreme

1/2 Päckchen Mandel-Puddingpulver
250 ml Milch
2 Eier
250 g Magerquark
80 g Zucker

außerdem

1 Tarte- oder Springform (26cm Ø), gefettet
Mehl zum Arbeiten

1 Für den Streuselteig Mehl und Kakaopulver mischen. Zucker und Butter in Flöckchen hinzufügen. Die Zutaten mit den Fingern oder den Knethaken des Rührgerätes zu Streuseln verarbeiten. Drei Viertel davon in die eingefettete Form geben, mit den Fingern am Boden und am Rand andrücken. Die Form und die Streuselreste im Kühlschrank kalt stellen.

2 Für den Belag die Birnen schälen, vierteln und putzen. Die Viertel in dünne Spalten schneiden, anschließend mit Zitronensaft beträufeln.

3 Für die Puddingcreme aus Puddingpulver und Milch nach Packungsanleitung einen festen Pudding kochen. In eine Schüssel füllen und abkühlen lassen, dabei gelegentlich durchrühren. Den Backofen auf 180 °C (Umluft 160 °C, Gas Stufe 2-3) vorheizen. Die Eier trennen. Eigelbe, Quark und Zucker unter den erkalteten Pudding rühren. Eiweiße steif schlagen und unter die Quark-Pudding-Masse ziehen.

4 Den Streuselboden mehrmals mit einer Gabel einstechen. Die Creme darauf geben und glatt streichen. Die Birnen darauf verteilen und mit übrigen Streuseln bestreuen. Im heißen Backofen 45 bis 50 Minuten backen. Den Kuchen im ausgeschalteten Backofen langsam auskühlen lassen.

Aprikosen-Quarkkuchen

für 24 Stück
Zubereitungszeit: *40 Minuten*
Backzeit: *25 Minuten*

für den Teig

150 g Magerquark
3 EL Milch
1 Ei
6 EL Öl
300 g Mehl
1 Päckchen Backpulver
70 g Zucker
2 TL Vanillezucker
1 Prise Salz

für die Käsemasse

2 große Dosen Aprikosen
500 g Quark (20 % Fett)
1/2 Päckchen Vanille-Pudding-pulver
100 g Zucker
2 EL Vanillezucker
4 EL Milch
50 g Mandelstifte

außerdem

1 Backblech, gefettet oder mit Backpapier ausgelegt
Mehl zum Arbeiten

1 Den Backofen auf 200 °C (Umluft 180 °C, Gas Stufe 3) vorheizen. Quark, Milch, Ei und Öl verrühren. Mehl und Backpulver vermischen und zusammen mit Zucker, Vanillezucker und Salz zur Quark-Öl-Mischung geben. Gut miteinander verrühren. Ein Backblech einfetten oder mit Backpapier auslegen.

2 Den Teig auf einer bemehlten Arbeitsfläche ausrollen und auf das Backblech legen. Dabei einen Rand formen. Für den Belag die Aprikosen abtropfen lassen. Quark, Puddingpulver, Zucker, Vanillezucker und Milch verrühren. Die Quarkmasse auf dem Teig verteilen und mit den Aprikosen belegen.

3 Den Kuchen mit Mandelstiften bestreuen und im vorgeheizten Backofen etwa 25 Minuten backen. Den Kuchen nach dem Backen langsam abkühlen lassen. Dafür den Kuchen entweder über Nacht im ausgeschalteten, geschlossenen Ofen abkühlen lassen oder die Tür nach dem Backen nur leicht öffnen.

Käsekuchen mit Heidelbeeren

für 24 Stück

Zubereitungszeit: *ca. 60 Minuten*
Backzeit: *ca. 40 Minuten*

für den Teig

1 unbehandelte Zitrone
200 g weiche Butter
120 g Zucker
2 Eier
350 g Mehl
150 g gemahlene Haselnüsse
1 Prise Salz
1 TL Backpulver

für die Käsemasse

700 g frische oder TK-Heidelbeeren
1 Päckchen Vanillezucker
100 g weiche Butter
130 g Zucker
3 Eier
750 g Quark (20 % Fett)
1 Päckchen Vanille-Puddingpulver
1 EL Zitronensaft
2 EL Grieß

außerdem

1 Backblech, gefettet und mit Backpapier belegt.
1 Backrahmen, gefettet
Mehl zum Arbeiten

1 Für den Teig die Zitrone waschen, abtrocknen, die Schale abreiben und den Saft für den Belag auspressen. Butter mit Zucker cremig schlagen, ein Ei nach dem anderen unterrühren. Mehl mit Zitronenschale, Nüssen, Salz und Backpulver mischen und zum Teig geben, alles gut verkneten.

2 Das Backblech leicht einfetten, mit Backpapier belegen. Den Backrahmen ebenfalls einfetten. Den Backofen auf 175 °C (Umluft 150 °C, Gas Stufe 1-2) vorheizen.

3 Für den Belag die frischen Heidelbeeren verlesen, vorsichtig abbrausen und abtropfen lassen, gegebenenfalls die tiefgefrorenen auftauen. Die Beeren mit dem Vanillezucker mischen.

4 Butter mit Zucker cremig schlagen, nach und nach die Eier unterrühren, dann Quark, Puddingpulver, Zitronensaft und Grieß unterheben. Alles gut verrühren.

5 Den Teig ausrollen und auf das Backblech legen. Den Backrahmen herumstellen. Die Hälfte der Quarkcreme auf dem Boden verstreichen. Die Heidelbeeren darüber verteilen und mit der restlichen Quarkcreme bedecken. Den Kuchen im Backofen auf mittlerer Schiene ca. 40 Minuten hellbraun backen.

Kirschkäsekuchen

für ca. 24 Stück

Zubereitungszeit: 40 Minuten
Kühlzeit: 30 Minuten
Backzeit: 55 Minuten

für den Teig

400 g Mehl
1/2 TL Backpulver
200 g Zucker
2 Eier
150 g Margarine

für den Belag

1/2 l Milch
1 Päckchen Sahne-Puddingpulver
200 g Zucker
2 Eier
500 g Quark (20 % Fett)
2 Päckchen Vanillezucker
2 EL Rum
750 g Sauerkirschen, entsteint

für die Streusel

300 g Mehl
150 g Margarine
150 g Zucker

außerdem

1 Backblech, gefettet oder mit Backpapier belegt
Mehl zum Arbeiten

1 Mehl und Backpulver in einer Schüssel mischen. Zucker, Eier und Margarine in Stückchen dazugeben. Mit den Knethaken des Handrührgeräts rasch zu einem glatten Mürbeteig verkneten. Zu einer Kugel formen, in Frischhaltefolie wickeln und im Kühlschrank 30 Minuten ruhen lassen.

2 Aus Milch, Puddingpulver und 3 EL Zucker nach Packungsanweisung einen festen Pudding kochen, erkalten lassen. Eier trennen. Eigelbe zusammen mit Quark, restlichem Zucker, Vanillezucker und Rum verrühren. Eiweiße steif schlagen und unterheben.

3 Den Ofen auf 200 °C (Umluft 180 °C, Gas Stufe 3) vorheizen. Ein Backblech einfetten oder mit Backpapier belegen. Den Teig auf einer bemehlten Arbeitsfläche ausrollen, auf das Blech legen und im vorgeheizten Backofen 10 Minuten vorbacken. Kirschen darauf verteilen und anschließend mit der Käsecreme bestreichen.

4 Mehl, Margarine und Zucker zu Streuseln verarbeiten, über die Käsecreme streuen und weitere 45 Minuten backen. Den Kuchen nach dem Backen langsam abkühlen lassen. Dafür den Kuchen entweder über Nacht im ausgeschalteten, geschlossenen Ofen abkühlen lassen oder die Tür nach dem Backen nur leicht öffnen.

Bananenkuchen mit Limettenquark

für 24 Stück

Zubereitungszeit: *ca. 45 Minuten*
Kühlzeit: *ca. 1-2 Stunden*
Backzeit: *ca. 25-30 Minuten*

für den Teig

300 g Mehl
1 TL Backpulver
200 g Zucker
3 Eier
250 g weiche Butter
250 g Magerquark
1/8 l Bananennektar
100 g gemahlene Walnüsse

für den Quarkbelag

2 unbehandelte Limetten
10 Blatt weiße Gelatine
3 Bananen
750 g Magerquark
1/4 l Bananennektar
100 g Zucker
250 g Sahne
1 Päckchen Vanillezucker

zum Garnieren

Schokotröpfchen
Bananenchips nach Belieben

außerdem

1 Backblech, gefettet
1 Backrahmen, gefettet

1 Den Backofen auf 180 °C (Umluft 160 °C, Gas Stufe 2-3) vorheizen. Das Backblech und den Backrahmen gut mit Butter einfetten. Für den Teig Mehl mit Backpulver in eine Schüssel sieben. Zucker, Eier, Butter, Quark, Nektar und Walnüsse gründlich verrühren.

2 Den Teig auf dem Blech verstreichen und auf der mittleren Schiene des Backofens in etwa 25 bis 30 Minuten hellbraun backen. Herausnehmen und abkühlen lassen, dann den Backrahmen um den Teig stellen.

3 Für den Quarkbelag die Limetten waschen, abtrocknen, die Schale abreiben und den Saft auspressen. Die Gelatine in kaltem Wasser einweichen. Die Bananen schälen und in Scheiben schneiden, mit Limettensaft beträufeln. Quark mit Nektar und Zucker verrühren. Die Gelatine abgetropft in wenig heißem Wasser auflösen, mit 2 Esslöffeln Quarkmasse vermengen und dann unter die gesamte Quarkmasse rühren. Bananenscheiben und Limettenschale unterheben.

4 Die Sahne steif schlagen, dabei den Vanillezucker einrieseln lassen, unter die Quarkmasse heben und auf dem Teigboden verstreichen. Kalt stellen.

5 Vor dem Servieren den Backrahmen entfernen und den Kuchen mit Schokotröpfchen und Bananenchips garnieren.

Knuspriger Käsekuchen

für 24 Stück

Zubereitungszeit: *ca. 50 Minuten*

Backzeit: *ca. 35 Minuten*

für den Teig

600 g TK-Blätterteig

für die Käsemasse

500 g Brombeeren

2 Eier

200 g abgetropfter Magerquark

200 g Doppelrahm-Frischkäse

100 g Sahne

100 g Zucker

1 TL abgeriebene Zitronenschale

für das Topping

80 g Butter

125 g gemahlene Mandeln

2 EL Blütenhonig

außerdem

1 Backblech

Mehl zum Arbeiten

1 Den Blätterteig auftauen. Teilen und auf bemehlter Arbeitsfläche zwei Teigböden ausrollen. Ein Backblech mit Wasser abspülen, eine Teigplatte darauflegen. Mit einer Gabel mehrmals einstechen.

2 Die Brombeeren abbrausen und abtropfen lassen. Die Eier trennen. Eigelbe mit Quark, Frischkäse, Sahne, Zucker und Zitronenschale verrühren. Eiweiße steif schlagen und unterziehen. Die Masse auf die Teigplatte streichen. Die Brombeeren darauf verteilen, etwas in die Quarkmasse eindrücken.

3 Den Backofen auf 200 °C (Umluft 180 °C, Gas Stufe 3) vorheizen. Die zweite Teigplatte auf die Quarkmasse legen. Die Ränder festdrücken und die Teigplatte mit einer Gabel mehrmals einstechen.

4 Die Butter erhitzen, Mandeln und Blütenhonig einrühren. Die obere Teigplatte damit bestreichen. Im vorgeheizten Backofen etwa 35 Minuten backen.

Allerlei Variationen

Zebra-Käsekuchen

für 12 Stück

Zubereitungszeit: *ca. 60 Minuten*

Kühlzeit. *ca. 60 Minuten*

Backzeit: *ca. 60 Minuten*

für den Boden

200 g Mehl
1 gestrichener TL Backpulver
70 g Zucker
1 Päckchen Vanillezucker
1 Prise Salz
1 Ei
75 g kalte Butter

für die Käsemasse

200 g Sahne
100 g Nougat
3 Eier
180 g Zucker
etwas abgeriebene Zitronenschale einer Bio-Zitrone
1 kg Magerquark
50 g Mehl
180 ml Milch
1 Prise Salz
4 EL Kakao

außerdem

1 Springform (ca. 26 cm Ø), gefettet
Mehl zum Arbeiten

1 Für den Boden alle Zutaten mit den Knethaken eines elektrischen Rührgerätes zu einem glatten Teig verarbeiten. Ca. 60 Minuten kühl stellen.

2 Backofen auf 200 °C (Umluft 180 °C, Gas Stufe 3) vorheizen. Eine Springform einfetten. Die Sahne erwärmen, den Nougat darin schmelzen und das Ganze etwas abkühlen lassen. Inzwischen den Teig ausrollen und die Springform damit auskleiden, dabei einen Rand formen. Den Teig mehrmals mit einer Gabel einstechen.

3 Für die Käsemasse die Eier trennen. Eigelbe mit Zucker und Zitronenschale verrühren. Magerquark, Mehl und Milch unterrühren. Die Eiweiße mit Salz steif schlagen und unter die Masse heben. 1/3 des Teiges mit der Nougatsahne und dem Kakao verrühren.

4 Beginnend mit dem hellen Teig 2-3 Esslöffel in die Mitte des Bodens geben. Anschließend 2-3 Esslöffel des dunklen Teigs in die Mitte des hellen geben. Diese Vorgehensweise wiederholen, bis der Teig aufgebraucht ist. Den Kuchen ca. 60 Minuten im heißen Backofen backen. Sollte er dunkel werden, mit Alufolie abdecken. Im ausgeschalteten Backofen auskühlen lassen.

Käsekuchenkranz mit Mandarinen

für 20 Stück

Zubereitungszeit: *ca. 45 Minuten*
Kühlzeit: *ca. 60 Minuten*
Backzeit: *ca. 60 Minuten*

für den Teig

200 g Mehl
1 gestrichener TL Backpulver
80 g Zucker
1 Päckchen Vanillezucker
1 Prise Salz
1 Ei
100 g Butter

für die Käsemasse

1 Dose Mandarinen (175 g Abtropfgewicht)
750 g Magerquark
150 ml Öl (z.B. Sonnenblumenöl)
3 Eier
1 Päckchen Sahne-Puddingpulver
180 g Zucker
1 Päckchen Vanillezucker

außerdem

1 Kranzform (26 cm Ø), gefettet Mehl zum Arbeiten
50 g Zartbitterkuvertüre
Puderzucker zum Bestäuben

1 Alle Zutaten für den Teig mit den Knethaken eines elektrischen Rührgeräts zu einem glatten Teig verarbeiten und ca. 60 Minuten kühl stellen. Mandarinen in einem Sieb abtropfen lassen.

2 Den Backofen auf 170 °C (Umluft 150 °C, Gas Stufe 1-2) vorheizen. Eine Kranzform einfetten. Den Teig in 5 Portionen teilen, jeweils ausrollen und die Kranzform damit auskleiden, dabei den Rand nicht zu hoch ziehen. Teig mit einer Gabel regelmäßig einstechen.

3 Magerquark, Öl, Eier, Puddingpulver, Zucker und Vanillezucker zu einer glatten Käsemasse verrühren und in die Form geben. Die Mandarinen darauf verteilen und mit einer Gabel leicht unterrühren. Den Kuchen im heißen Backofen ca. 60 Minuten backen. Kuchen im ausgeschalteten Ofen ca. 30 Minuten abkühlen lassen. Anschließend bei geöffneter Tür auskühlen lassen.

4 Den Kranz auf eine Tortenplatte stürzen. Kuvertüre zerkleinern, in einen Gefrierbeutel geben und im heißen Wasserbad schmelzen. Eine kleine Ecke vom Beutel abschneiden und den Kranz mit der Kuvertüre besprenkeln, trocknen lassen und mit Puderzucker bestäuben.

Oreo-Käsekuchen

für 12 Stück
Zubereitungszeit: *ca. 40 Minuten*
Backzeit: *ca. 60 Minuten*

für den Boden
24 Oreo-Kekse
50 g Butter

für die Käsemasse
180 g weiche Butter
180 g Zucker
1 Päckchen Vanillezucker
4 Eier
500 g Magerquark
200 g Mascarpone
1 1/2 Päckchen Vanille-Puddingpulver
75 g Hartweizengrieß
100 g frische oder TK-Himbeeren
4-5 Oreo-Kekse

außerdem
1 Springform (26 cm Ø), mit Backpapier ausgelegt und gefettetem Rand
Puderzucker zum Bestäuben

1 Den Backofen auf 170 °C (Umluft 150 °C, Gas Stufe 1-2) vorheizen. Die Springform mit Backpapier auslegen und den Rand einfetten. Oreo-Kekse in einen Gefrierbeutel geben, verschließen und mithilfe eines Teigrollers fein zerbröseln. Die Butter schmelzen und mit den Bröseln verrühren. Diese in die Springform geben und fest andrücken. Kühl stellen.

2 Butter, Zucker und Vanillezucker schaumig rühren. Eier trennen, Eigelbe nach und nach unterrühren. Quark, Mascarpone, Puddingpulver und Grieß unterrühren. Die Eiweiße steif schlagen und unterheben. Die Hälfte der Masse auf den Keksboden verteilen. Die Himbeeren darauf setzen. 4 bis 5 Oreo-Kekse zerbröseln und unter die restliche Käsemasse rühren. Diese auf die Himbeeren geben.

3 Im heißen Backofen den Kuchen ca. 60 Minuten backen. Sollte er zu dunkel werden, mit Alufolie abdecken. Im ausgeschalteten Backofen abkühlen lassen. Vor dem Servieren mit Puderzucker bestäuben.

Süßer Käseigel

für ca. 30 Würfel

Zubereitungszeit: *ca. 45 Minuten*
Backzeit: *60-70 Minuten*

für die Käsemasse

125 g weiche Butter
125 g Zucker
1 Päckchen Vanillezucker
1 Prise Salz
4 Eier
1 kg Magerquark
60 g Hartweizengrieß
1/2 Päckchen Vanille-Pudding-pulver
abgeriebene Schale und Saft von 1/2 Bio-Zitrone

für die Dekoration

einige Früchte (z.B. Erdbeeren, Brombeeren, Mandarinen, Kirschen, Kiwis)

außerdem

1 Springform von 26 cm Ø
Backpapier
1 Honigmelone
Alufolie
Holzspießchen

1 Den Boden einer Springform mit Backpapier auslegen. Backofen auf 180 °C (Umluft 160 °C, Gas Stufe 2-3) vorheizen. Butter, Zucker, Vanillezucker und Salz cremig rühren. Eier trennen, Eigelbe unter die Butter-Zucker-Masse rühren. Quark, Grieß, Puddingpulver, Zitronenschale und -saft unterrühren. Käsemasse in die Form geben. Im heißen Backofen 60-70 Minuten backen. Sollte er dunkel werden, mit Alufolie abdecken. Käsekuchen im ausgeschalteten Backofen abkühlen lassen.

2 Für den Igelunterbau die Honigmelone quer halbieren, entkernen und die eine Hälfte mit Alufolie einwickeln. Den Rand des Käsekuchens abschneiden und den Kuchen in Würfel schneiden. Jeweils eine Frucht mit einem Käsekuchenwürfel auf einen Holzspieß stecken und dekorativ in die Honigmelone stecken.

Tipp

Dieser Käseigel kommt besonders auf Kindergeburtstagen gut an. Hierfür können Sie auch kleine Süßigkeiten wie Gummibärchen, kleine Kaubonbons etc. auf die Spieße stecken oder die Würfel mit flüssiger Kuvertüre besprenkeln und mit Zuckerstreuseln bestreuen.

Käsegitterkuchen

für 24 Stück

Zubereitungszeit: *ca. 45 Minuten*

Backzeit: *ca. 30 Minuten*

für den Rührteig

5 Eier

250 g Puderzucker

1 Päckchen Vanillezucker

1/8 l Öl

1/8 l Mineralwasser

325 g Mehl

1/2 Päckchen Backpulver

3 EL Kakao

1 Prise Salz

für die Käsemasse

500 g Magerquark

2 Eier

70 g Puderzucker

1 Päckchen Vanillezucker

20 g Speisestärke

außerdem

1 Backblech, gefettet

1 Spritzbeutel mit Lochtülle

Puderzucker zum Bestäuben

1 Den Backofen auf 175 °C (Umluft 150 °C, Gas Stufe 1-2) vorheizen. Ein Backblech einfetten. Für den Teig die Eier trennen. Die Eigelbe mit Puderzucker und Vanillezucker schaumig rühren. Öl und Mineralwasser unterrühren. Mehl, Backpulver und Kakao sieben und esslöffelweise unterrühren. Die Eiweiße und 1 Prise Salz steif schlagen und unterheben. Den Teig auf das Blech geben und glatt streichen.

2 Für die Käsemasse Quark, Eier, Puderzucker, Vanillezucker und Speisestärke verrühren. Die Creme in den Spritzbeutel mit Lochtülle geben und diese als Gitter auf den Rührteig spritzen, dabei 3 bis 4 cm Abstand einhalten. Den Kuchen im heißen Backofen ca. 30 Minuten backen. Sollte er zu dunkel werden, mit Alufolie abdecken. Vor dem Servieren mit Puderzucker bestäuben.

Tipp

Geben Sie noch etwa 4-5 EL Baileys oder 100 g Schokoraspeln in den Rührteig. Wenn Sie einen hellen Teig möchten, lassen Sie den Kakao einfach weg. Mit 4-5 EL Eierlikör schmeckt er dann noch besser.

Cappuccino-Frischkäsetorte

für 12 Stücke
Zubereitungszeit: *ca. 45 Minuten*
Kühlzeit: *mind. 3 Stunden*

für den Boden
100 g Kakao-Butterkekse von Leibniz
100 g Amaretti
80 g Butter

für die Käsemasse
600 g Doppelrahm-Frischkäse
300 g Joghurt (3,5% Fett)
7 Blatt Gelatine
150 ml kalter Espresso
80 g Zucker
2 EL Kaffeelikör

für das Topping
100 g Fischkäse
1 EL Zucker
200 g Schlagsahne
1 Päckchen Sahnesteif
1 Päckchen Vanillezucker
Kakao zum Bestäuben
ca. 10 Amaretti

außerdem
Gefrierbeutel
1 Springform (26 cm Ø), mit Backpapier ausgelegt

1 Für den Boden die Kakao-Butterkekse zusammen mit den Amaretti in einen Gefrierbeutel geben, Beutel verschließen und mithilfe einer Teigrolle die Kekse fein zerbröseln. Butter schmelzen und mit den Bröseln vermischen. Die Masse in die mit Backpapier ausgelegte Springform geben, verteilen und andrücken. Die Springform in den Kühlschrank stellen.

2 Für die Käsemasse den Frischkäse und den Joghurt verrühren. Die Gelatineblätter in den Espresso geben und 10 Minuten quellen lassen. Anschließend den Zucker einrühren. Das Ganze unter Rühren erwärmen, bis sich der Zucker und die Gelatine gelöst haben. Den Kaffeelikör unterrühren. 2 bis 3 Esslöffel der Frischkäsecreme in die Espressomischung einrühren und anschließend das Ganze unter die Frischkäsecreme rühren. Die Creme auf den Keksboden geben, glatt streichen und das Ganze für mind. 3 Stunden kühl stellen.

3 Für das Topping den Frischkäse und Zucker verrühren. Die Sahne mit Sahnesteif und Vanillezucker steif schlagen und unter den Frischkäse rühren. Die Creme auf dem Kuchen verteilen und mit dem Rücken eines Esslöffels kleine Unebenheiten in die Oberfläche formen. Mit Kakao bestäuben und mit den Amaretti dekorieren.

Kürbis-Käsekuchen

für 12 Stück
Zubereitungszeit: *ca. 45 Minuten*
Backzeit: *70 Minuten*

für den Boden
200 g Vollkornbutterkekse
100 g Butter
etwas Zimt

für die Käsemasse
750 g Magerquark
250 g Mascarpone
450 g Kürbispüree
4 Eier
1 Päckchen Vanille-Puddingpulver
220 g Zucker
nach Belieben Ingwer, Zimt, Nelken, Muskatnuss

für den Guss
250 g saure Sahne
2 EL Honig
etwas Zimt

außerdem
1 Springform (ca. 26 cm Ø)
Backpapier
Gefrierbeutel

1 Den Backofen auf 180 °C (Umluft 160 °C, Gas Stufe 2-3) vorheizen und den Boden einer Springform mit Backpapier auslegen. Die Butterkekse in einen Gefrierbeutel geben, verschließen und mithilfe eines Teigrollers die Kekse fein zerbröseln. Butter schmelzen und zusammen mit dem Zimt unter die Keksbrösel rühren. Das Ganze in die Springform geben und fest andrücken. In den Kühlschrank stellen.

2 Für die Käsemasse Quark, Mascarpone, Kürbispüree, Eier, Puddingpulver, Zucker und die Gewürze zu einer homogenen Masse verarbeiten und diese auf dem Keksboden verteilen. Im heißen Backofen ca. 60 Minuten backen. Sollte er zu dunkel werden, mit Alufolie abdecken.

3 Für den Guss die saure Sahne, den Honig und etwas Zimt miteinander verrühren. Auf den heißen Kuchen geben und nochmals 10 Minuten backen. Den Kuchen im ausgeschalteten Backofen abkühlen lassen.

Tipp

Kürbispüree gibt es in gut sortierten Supermärkten zu kaufen. Sie können es aber auch selbst herstellen. Dazu einen Hokkaido-Kürbis waschen, halbieren, entkernen und in Spalten schneiden. Diese auf ein mit Backpapier ausgelegtes Backblech bei 200 °C im Backofen ca. 40 Minuten backen, bis der Kürbis weich ist. Anschließend die Spalten mit Schale pürieren. Sie können den Kuchen noch mit gerösteten Kürbiskernen dekorieren.

Dreh-dich-um-Kuchen

für 12 Stück
Zubereitungszeit: *ca. 40 Minuten*
Backzeit: *ca. 60 Minuten*

für den Rührteig
150 g Butter
150 g Zucker
1 Päckchen Vanillezucker
3 Eier
150 g Mehl
1 Päckchen Backpulver

für die Käsemasse
150 g weiche Butter
150 g Zucker
3 Eier
500 g Quark
1 Päckchen Vanille-Pudding-pulver
1-2 EL Zitronensaft

außerdem
1 Springform (26 cm Ø), mit Backpapier ausgelegt und gefettetem Rand
Puderzucker zum Bestäuben

1 Den Backofen auf 180 °C (Umluft 160 °C, Gas Stufe 2) vorheizen. Die Springform mit Backpapier auslegen und den Rand einfetten. Für den Rührteig Butter mit Zucker und Vanillezucker schaumig rühren. Eier nach und nach unterrühren. Mehl und Backpulver mischen, sieben und esslöffelweise unterrühren. Den Teig in die vorbereitete Form geben und anschließend glatt streichen.

2 Für die Käsemasse Butter und Zucker verrühren. Eier nach und nach unterrühren. Quark, Vanille-Puddingpulver und Zitronensaft unterrühren. Die Käsemasse vorsichtig auf den Rührteig geben. Im heißen Backofen ca. 60 Minuten backen. Sollte er zu dunkel werden, mit Alufolie abdecken. Nach dem Erkalten mit Puderzucker bestäuben

Tipp

Der Kuchen dreht sich während des Backens um, d.h. die Rührteigschicht kommt nach oben und die Käsemasse sinkt zu Boden.

Mohn-Käsekuchen im Glas

für 7 Gläser

Zubereitungszeit: *ca. 30 Minuten*
Backzeit: *40-45 Minuten*

für die Käsemasse

50 ml Milch
40 g gemahlener Mohn
3 Eier
180 g Zucker
1 Päckchen Vanillezucker
500 g Magerquark
200 g Mascarpone
1 Päckchen Vanille-Pudding-pulver

außerdem

7 Weck-Sturzgläser (1/5 Liter) mit Einkochring, Glasdeckeln und Einkochklammern

1 Die Gläser gründlich reinigen und heiß ausspülen. Anschließend einfetten, dabei den oberen Rand auslassen. Den Backofen auf 160 °C (Umluft 140 °C, Gas Stufe 1) vorheizen. Die Milch aufkochen, den Mohn einrühren und ca. 10 Minuten quellen lassen.

2 Die Eier trennen. Die Eigelbe, Zucker, Vanillezucker, Quark, Mascarpone und Vanille-Puddingpulver zu einer homogenen Masse verrühren. Die Eiweiße steif schlagen und unter die Käsemasse heben. 6 EL der Masse unter den Mohn rühren. Den hellen Teig in die Gläser füllen. Die Mohnmasse darauf geben und mit einer Gabel leicht unterheben, sodass ein Marmoreffekt entsteht.

3 Im heißen Backofen 40 bis 45 Minuten backen. Anschließend die Gläser im ausgeschalteten Backofen auf ca. 100 °C abkühlen lassen. Die Gläser mit den Gummiringen und den Glasdeckeln verschließen. Mit Klammern fixieren. Im geschlossenen Backofen komplett auskühlen lassen. Die Klammern können nun entfernt werden.

Tipp

Die kleinen Kuchen lassen sich prima verschenken. Eine schöne Banderole oder ein nettes Bändchen machen sie zu einem individuellen Geschenk.

Cheesecake-Brownies

für 9 Stück

Zubereitungszeit: *ca. 30 Minuten*
Backzeit: *45-50 Minuten*

für den Teig

100 g Butter
150 g brauner Zucker
2 Eier
200 g Mehl
1 TL Backpulver
2 EL Kakao
8 EL Milch
50 g gemahlene Mandeln
1-2 EL Amaretto
100 g Schokotropfen

für die Käsemasse

125 g Doppelrahm-Frischkäse
75 g Joghurt (3,5% Fett)
1 Ei
2 EL Zucker
1-2 TL Vanille-Puddingpulver

außerdem

1 Brownieblech (20x20 cm), gefettet oder
1 Backrahmen, 1 Backblech und Backpapier

1 Den Backofen auf 160 °C (Umluft 140 °C, Gas Stufe 1) vorheizen und das Brownieblech einfetten bzw. den Backrahmen auf ein mit Backpapier ausgelegtes Backblech auf die Größe 20 x 20 cm einstellen.

2 Für den Rührteig Butter und Zucker schaumig rühren. Eier trennen, Eigelbe unter die Butter-Zucker-Masse rühren. Mehl, Backpulver und Kakao mischen, sieben und abwechselnd mit der Milch einrühren. Mandeln, Amaretto und Schokotropfen unterrühren. Eiweiße steif schlagen und unter den Teig heben. Teig in die Form bzw. in den Backrahmen geben und glatt streichen.

3 Für die Käsecreme Frischkäse, Joghurt, Ei, Zucker und Vanille-Puddingpulver zusammenrühren und auf den Schokoteig geben. Mit einer Gabel leicht unterziehen. Das Ganze im heißen Backofen ca. 50 Minuten backen.

Schoko-Himbeer-Käsemuffins

für 12 Stück

Zubereitungszeit: *ca. 45 Minuten*

Backzeit: *ca. 20 Minuten*

für den Boden

150 g Chocolatechips-Cookies

50 g Butter

für die Käsemasse

125 g Himbeeren

2 EL Puderzucker

2 Eier

350 g Frischkäse

150 g Zucker

1 Päckchen Vanillezucker

außerdem

12er Muffinblech

12 Muffin-Papierförmchen

Gefrierbeutel

Zahnstocher

1 Den Backofen auf 170 °C (Umluft 150 °C, Gas Stufe 1-2) vorheizen. Ein Muffinblech mit den Papierförmchen auslegen. Die Cookies in einen Gefrierbeutel geben, diesen verschließen und die Cookies mithilfe eines Teigrollers fein zerbröseln. Die Butter schmelzen und unter die Brösel rühren. In die Blechmulden geben und mit einem Teelöffel festdrücken. In den Kühlschrank stellen.

2 Die Himbeeren pürieren, durch ein feines Sieb passieren und mit dem Puderzucker verrühren. Für die Käsemasse Eier, Frischkäse, Zucker und Vanillezucker verrühren und das Ganze auf den Keksböden verteilen. Jeweils 2 Punkte Himbeersauce auf einen Muffin geben und einen Zahnstocher einmal von oben nach unten durch die Punkte ziehen, sodass Herzen entstehen. Das Ganze im heißen Backofen ca. 20 Minuten backen. Bei leicht geöffnetem Backofen auskühlen lassen.

Tipp

Anstatt zu Himbeeren können Sie auch zu anderen Beerensorten greifen, z. B. zu Brombeeren oder Erbeeren.

Käsekuchen-Cakepops

für ca. 30 Stück

Zubereitungszeit: *ca. 60 Minuten*
Backzeit: *ca. 50 Minuten*
Kühlzeit: *ca. 40 Minuten*

für den Käsekuchen

125 g weiche Butter
125 g Zucker
1 Päckchen Vanillezucker
3 Eier
500 g Magerquark
1 TL Backpulver
40 g Hartweizengrieß

für die Cakepops

100 g Löffelbiskuits
150 g Vollmilchkuvertüre
150 g Zartbitterkuvertüre
25 g Kokosfett
Schokoraspeln zum Verzieren
ca. 30 Cakepop-Stiele

außerdem

1 Springform (18 cm Ø)
Backpapier
Gefrierbeutel

1 Backofen auf 175 °C (Umluft 150 °C, Gas Stufe 1-2) vorheizen. Springform mit Backpapier auslegen, den Rand einfetten. Für den Kuchen Butter, Zucker und Vanillezucker verrühren. Eier nach und nach unterrühren. Quark, Backpulver und Grieß unterrühren. Masse in die Form geben und im heißen Backofen ca. 50 Minuten backen. Sollte der Käsekuchen zu dunkel werden, mit Alufolie abdecken. Im ausgeschalteten Ofen abkühlen lassen.

2 Die Löffelbiskuits in einen Gefrierbeutel geben, verschließen und mithilfe eines Teigrollers fein zerbröseln. Die Ränder sowie den Boden und den Deckel vom Käsekuchen abschneiden, sodass nur noch die innere Käsemasse übrig bleibt. Diese mit den Bröseln vermischen. Aus der Masse ca. 30 Bällchen formen auf ein mit Backpapier belegtes Brett setzen und im Gefrierschrank ca. 30 Minuten kühlen. Im Kühlschrank dauert es etwas länger. Die Bällchen sollten deutlich fester als zuvor sein.

3 Die Kuvertüren klein hacken und zusammen mit dem Kokosfett in einem heißen Wasserbad schmelzen. Hierfür zum Beispiel eine hohe Tasse verwenden. Die Cakepop-Stiele etwas eintauchen und jeweils 1 Stiel in ein Bällchen stecken. So nochmals ca. 5-10 Minuten in den Kühlschrank stellen. Anschließend die Bällchen in die Kuvertüre tauchen, gut abtropfen und etwas antrocknen lassen. Die Schokoraspeln darauf streuen und das Ganze im Kühlschrank gut trocknen lassen.

Tipp

Zum Kühlen die Cakepops in eine hohe, mit Zucker gefüllte Schüssel oder Dose stecken. Sie können der Käsemasse vor dem Formen der Bällchen noch etwas Eierlikör hinzufügen. Sollte der Teig zu dünn werden, einfach noch ein paar Brösel unterrühren.

Torten und Törtchen

Käsesahnetorte mit Mandarinen

für 8 Stück

Zubereitungszeit: ca. 60 Minuten

Kühlzeit: ca. 2 Stunden

Backzeit: 40-45 Minuten

für den Teig

30 g Butter oder Margarine
50 g Zucker
2 Eier
3 Tropfen Orangenöl
1 Prise Salz
30 g Mehl
30 g Speisestärke

für die Käsemasse

4 Blatt Gelatine
1 Dose Mandarinen
(175 g Abtropfgewicht)
250 g Magerquark
70 g Zucker
1 Päckchen Vanillezucker
1 TL abgeriebene unbehandelte Zitronenschale
150 g Sahne
1 EL Puderzucker

außerdem

1 Springform (20 cm Ø), gefettet und mit Mehl ausgestäubt
Gebäckstäbchen mit Orangenschokoladenüberzug zum Verzieren

1 Den Backofen auf 180 °C (Umluft 160 °C, Gas Stufe 2-3) vorheizen. Butter schmelzen. Mit Zucker, Eiern, Orangenöl und Salz im 45 °C heißen Wasserbad weißschaumig aufschlagen. Dann aus dem Wasserbad nehmen und 10 Minuten lang kalt schlagen. Mehl und Speisestärke darübersieben und unterheben.

2 Die Form einfetten und mit Mehl ausstäuben. Den Teig hineinfüllen, glatt streichen und im Ofen 40 bis 45 Minuten backen, bis bei der Garprobe kein Teig mehr am Stäbchen haftet. In der Form abkühlen lassen, dann aufs Kuchengitter stürzen und quer in drei Böden schneiden.

3 Für die Käsecreme die Gelatine in kaltem Wasser einweichen. Die Mandarinenspalten abtropfen lassen, Saft auffangen. 8 Mandarinenspalten beiseitelegen. Quark mit Zucker, Vanillezucker, Zitronenschale und 3 Esslöffeln Mandarinensaft cremig rühren. Gelatine tropfnass in einem Töpfchen schmelzen und unter die Quarkcreme rühren. Die Sahne mit Puderzucker steif schlagen und ebenfalls unter die Quarkcreme ziehen.

4 Den untersten Tortenboden auf die Tortenplatte legen, mit 1 Esslöffel Mandarinensaft beträufeln und mit der Hälfte der Mandarinenspalten belegen. Ein Drittel der Käsecreme daraufstreichen, zweiten Boden auflegen und gleichermaßen belegen. Den dritten Boden aufsetzen und die Torte mit der restlichen Creme überziehen, rundum 8 Cremetupfen spritzen. Mit Mandarinenspalten und Schokoladenstäbchen garniert 2 Stunden im Kühlschrank durchziehen lassen, dann in 8 Stücke schneiden und sofort servieren.

Quarktorte mit Sauerkirschen

für 12 Stück

Zubereitungszeit: *ca. 90 Minuten*
Kühlzeit: *2 1/2-3 1/2 Stunden*
Backzeit: *20-30 Minuten*

für den Teig

3 Eier
75 g Zucker
1/2 TL abger. Zitronenschale
40 g Weizenmehl
30 g Speisestärke
1/2 TL Backpulver
40 g flüssige Butter
Butter für die Form

für die Füllung

1 Glas Sauerkirschen (720 ml)
6 Blatt Gelatine
3 Eigelbe, 100 g Zucker
600 g Sahnequark
1 TL abgeriebene Schale einer unbehandelten Zitrone
2 1/2 EL Zitronensaft
100 g TK-Blätterteig
4 EL Johannisbeer- oder Himbeerkonfitüre
60 g Puderzucker
150 g geschlagene Sahne

außerdem

1 Springform (26 cm Ø), mit Backpapier ausgelegt oder gefettet

1 Den Backofen auf 180 °C (Umluft 160 °C, Gas Stufe 2-3) vorheizen. Die Eier trennen. Eigelbe, Zucker und Zitronenschale zu einer weißlichen Creme schlagen. Das Mehl, die Speisestärke und das Backpulver sieben. Locker unter die Eiercreme mischen. Die flüssige Butter teelöffelweise unter den Teig heben. Die Eiweiße steif schlagen und locker unter den Teig ziehen. In eine mit Backpapier ausgelegte oder gefettete Springform einfüllen und im heißen Ofen 10 bis 15 Minuten backen.

2 Die Sauerkirschen für die Füllung in einem Sieb abtropfen lassen. Die Gelatine in kaltem Wasser einweichen. Die Eigelbe mit dem Zucker zu einer sämigen Creme schlagen. Den Quark, die Zitronenschale und 2 EL Zitronensaft hinzufügen. Die Gelatine ausdrücken und in 2 EL heißem Wasser auflösen und zur Quarkmasse geben. Alles gut mischen und 15 Minuten kühl stellen.

3 Den abgekühlten Biskuitboden aus der Form nehmen und auf eine Platte legen. Den Springformrand mit Folie überziehen und wieder um den Tortenboden legen. Knapp die Hälfte der Quarkmasse einfüllen. 12 Kirschen für die Dekoration beiseitelegen, die übrigen auf der Quarkschicht verteilen. Den restlichen Quark darüberstreichen. Die Torte 2 bis 3 Stunden kühl stellen.

4 Für den Deckel der Torte den Blätterteig sehr dünn ausrollen und den Springformboden so damit belegen, dass der Teig ringsum um ca. 2 cm übersteht. Den Teig mit einer Gabel einstechen und 15 Minuten in den Kühlschrank stellen. Auf der mittleren Schiene 10 bis 12 Minuten bei 220 °C backen. Nach dem Erkalten mit Konfitüre bestreichen.

5 Den restlichen Zitronensaft mit Puderzucker zu einer Glasur verrühren und über den Deckel streichen. Den Deckel, bevor er auf die Torte gelegt wird, in 12 Stücke schneiden. Den Springformrand von der Torte entfernen. Die Teigdeckelstücke auf der Torte wieder zusammensetzen und mit Schlagsahnerosetten und Kirschen garnieren.

Kleine Johannisbeer-Quarktorte

für 8 Stück
Zubereitungszeit: *ca. 40 Minuten*
Kühlzeit: *3-4 Stunden*

für den Boden
80 g gesalzene Cracker
1-2 EL frisch geriebene Walnüsse
3-4 EL Johannisbeerkonfitüre

für die Quarkmasse
400 g Johannisbeeren
5 Blatt Gelatine
3 Eier
125 g Zucker
600 g Sahnequark
5 EL Zitronensaft
1 TL Salz

außerdem
1 Springform (20 cm Ø)

1 Die Cracker zerbröckeln und mit Nüssen und Konfitüre mischen. Den Rand der Springform mit Butter bestreichen und auf eine Tortenplatte stellen. Die Brösel-Nuss-Mischung gleichmäßig darin verteilen.

2 150 g Johannisbeeren mit 1-2 Esslöffeln Wasser kurz aufkochen und durch ein Sieb streichen. Die Gelatineblätter in kaltem Wasser einweichen. Eier trennen. Eigelbe und Zucker zu einer sämigen Creme schlagen. Quark, Zitronensaft und 1/2 Teelöffel Salz gut verrühren und dazumischen. Die Gelatine ausdrücken und im heißen Johannisbeersaft auflösen. Zur Quarkcreme geben.

3 Die Eiweiße mit dem restlichen Salz steif schlagen und unter die etwas abgekühlte Quarkmasse ziehen. Die restlichen Johannisbeeren abstreifen und unter die Masse mischen. Die Quarkmasse auf den Boden geben, glatt streichen und im Kühlschrank etwa 3-4 Stunden kalt stellen.

4 Den Springformrand lösen. Anschließend in 8 Stücke schneiden und sofort kühl servieren.

Frischkäsetarte mit Trauben und Feigen

für 12 Stück

Zubereitungszeit: *60 Minuten*
Ruhezeit: *60 Minuten*
Backzeit: *ca. 40 Minuten*

für den Teig

175 g feines Weizenvollkornmehl
1 Prise Salz
50 g Zucker
1 Ei
1 EL Crème fraîche
100 g Butter

für den Belag

200 g Doppelrahm-Frischkäse
100 g Crème fraîche
120 g Zucker
2 cl Orangenlikör
3 Eier
300 g kernlose, weiße Trauben
6 vollreife, blaue Feigen

außerdem

1 Springform (24 cm Ø), gefettet
Mehl zum Arbeiten

1 Für den Teig alle Zutaten mit den Knethaken eines elektrischen Rührgerätes zu einem glatten Teig verkneten. Mit Folie umhüllt 1 Stunde kühl stellen.

2 Für die Füllung Frischkäse mit Crème fraîche, Zucker und Likör verrühren. Eier nach und nach unterrühren. Den Backofen auf 200 °C (Umluft 180 °C, Gas Stufe 3) vorheizen. Die Trauben entstielen und waschen, von den Feigen die Haut abziehen und die Früchte achteln.

3 Den Mürbeteig auf einer bemehlten Arbeitsfläche zu einer runden Platte von 28 cm Durchmesser ausrollen. Die Teigplatte in eine gefettete Springform hineingeben und einen 2 cm hohen Rand formen. Mehrmals mit einer Gabel einstechen. Die Frischkäsemasse auf den Teig streichen und die Feigenachtel fächerartig darauf verteilen. Die Zwischenräume mit den Trauben belegen. Die Tarte im Backofen etwa 40 Minuten backen.

Tipp

Wenn Sie blaue Feigen verwenden, sieht es hübsch aus, die Zwischenräume mit weißen Trauben zu belegen, bei grünen Feigen dagegen wirken blaue Trauben als Kontrast besser.

Himbeer-Kuppeltorte

Für 12 Stück

Zubereitungszeit: *ca. 30 Minuten*
Ruhezeit: *einige Stunden*

für den Boden

24 Löffelbiskuits
Saft von 1 Zitrone

für die Käsemasse

8 Blatt weiße Gelatine
500 g Himbeeren
1-2 EL Puderzucker
2 Eiweiße
150 g Zucker
125 g Sahne
2 EL Himbeergeist
750 g Magerquark
einige Minzeblätter

außerdem

1 Kuppeltortenform, oder
Schüssel mit rundem Boden

1 Die Hälfte der Löffelbiskuits mit so viel Zitronensaft beträufeln, dass sie sich biegen lassen. Eine Kuppelform oder eine Schüssel mit rundem Boden von 20 cm Durchmesser mit den der Länge nach nebeneinandergelegten Biskuitstäbchen auskleiden. Die Gelatine in kaltem Wasser einweichen. Die Himbeeren verlesen, die Hälfte davon im Mixer pürieren, durch ein Sieb streichen und mit Puderzucker süßen.

2 Die Eiweiße zu steifem Schnee schlagen und nach und nach den Zucker einrieseln lassen. So lange schlagen, bis die Masse schnittfest und glänzend ist. In einer zweiten Schüssel die Sahne steif schlagen. Den Himbeergeist erhitzen und die gut ausgedrückten Gelatineblätter darin auflösen.

3 Den Quark verrühren und unter ständigem Weiterrühren nach und nach das Himbeermark und die aufgelöste Gelatine dazugeben. Zum Schluss den Eischnee und die Sahne unterziehen. 2 EL von der Masse abnehmen, dann die Früchte untermischen. Einige Früchte und etwas Creme zum Garnieren aufbewahren.

4 Die Himbeercreme in die ausgelegte Kuppelform füllen und die Oberfläche mit den restlichen Löffelbiskuits belegen. Für einige Stunden kühl stellen. Den Kuchen auf einen großen Teller stürzen und mit der zurückbelassenen Creme, den Himbeeren und den Minzeblättern garnieren. Gut gekühlt servieren.

Tipp

Anstelle von Himbeeren könnten Sie für diese Torte auch gut Erdbeeren verwenden.

Heidelbeer-Quarktorte

für 12 Stück
Zubereitungszeit: *ca. 1 1/2 Stunden*
Backzeit: *15-20 Minuten*
Kühlzeit: *ca. 3 Stunden*

für den Biskuit
2 Eier
45 g Zucker
1 Prise Salz
30 g Mehl
20 g Speisestärke

für den Boden
200 g Vollkornkekse
2-3 EL Kakaopulver
70 g Butter

für die Vanillecreme
2 Päckchen Vanille-Puddingpulver
700 ml Milch, 80 g Zucker
100 g weiche Butter
2 EL Puderzucker

für die Quarkcreme
500 g Heidelbeeren
80 g Puderzucker
250 g Doppelrahm-Frischkäse
500 g Magerquark
10 Blatt weiße Gelatine
150 ml Sahne
1/2 TL abgeriebene Schale einer unbehandelten Zitrone

1 Den Backofen auf 180 °C (Umluft 160 °C, Gas Stufe 2-3) vorheizen. Für den Biskuit die Eier trennen und die Eigelbe mit der Hälfte des Zuckers schaumig rühren. Eiweiße mit einer Prise Salz steif schlagen und den restlichen Zucker nach und nach einrieseln lassen. Weiterschlagen, bis die Masse glänzt und Spitzen zieht. Den Eischnee auf die Eischaummasse setzen, das Mehl mit der Stärke mischen, darüber sieben und alles nach und nach unterheben.

2 Den Teig in eine mit Backpapier ausgekleidete Springform füllen, glatt streichen und im heißen Ofen 15 bis 20 Minuten backen. Herausnehmen, abkühlen lassen, aus der Form lösen und auf einem Kuchengitter vollständig erkalten lassen. Die Vollkornkekse zu kleinen Krümeln zerstoßen. Mit dem Kakaopulver vermischen. Die Butter schmelzen, unter die Krümel rühren und diese auf dem Springformboden andrücken.

3 Für die Vanillecreme aus dem Puddingpulver, dem Zucker und der Milch einen Pudding kochen und danach abkühlen lassen (mit etwas Puderzucker bestäuben, damit sich keine Haut bildet). Die Butter mit dem Puderzucker cremig rühren, unter den Pudding rühren und das Ganze auf den Keksboden streichen. Den Biskuit waagerecht halbieren und eine Hälfte auf die Creme setzen, die übrige Biskuithälfte anderweitig verwenden. Kurz in den Kühlschrank stellen.

außerdem
1 Springform (26 cm Ø), mit Backpapier ausgelegt

4 Für die Quarkcreme die Heidelbeeren waschen, verlesen und gut abtropfen lassen. 350 g Beeren mit einer Gabel andrücken und mit 2 EL Puderzucker, Frischkäse und mit dem Quark verrühren. Die Gelatine in kaltem Wasser einweichen und tropfnass in einem Topf bei kleiner Hitze auflösen, 2 EL Quarkcreme einrühren und unter die restliche Creme ziehen. Die Sahne mit dem übrigen Puderzucker steif schlagen und zusammen mit der Zitronenschale unterheben.

5 Die Heidelbeer-Quarkcreme nun in die Springform einfüllen und für ca. 3 Stunden im Kühlschrank fest werden lassen. Danach die restlichen Heidelbeeren auf der Torte verteilen, leicht andrücken. Bis zum Servieren kühl stellen.

Käsetorte mit Nussdecke

für 12 Stück
Zubereitungszeit: *ca. 60 Minuten*
Kühlzeit: *ca. 30 Minuten*
Backzeit: *ca. 45 Minuten*

für den Teig

150 g Mehl
30 g Kakaopulver
1 TL Backpulver
70 g Zucker
2 Eigelbe
2 EL Milch
100 g kalte Butter

für die Käsecreme

150 g Pflaumenmus
1 EL Zwetschgenwasser
750 g abgetropfter Magerquark
125 g Schmand
3 Eigelbe
150 g Zucker
80 g weiche Butter

für die Nussdecke

200 g Butter
125 g Zucker
2 EL Bienenhonig
250 g gehackte Haselnüsse
2 EL Milch

außerdem

1 Springform (26 cm Ø), gefettet
Mehl zum Arbeiten

1 Mehl, Kakao und Backpulver vermischen und in eine Schüssel sieben. In die Mitte eine Vertiefung drücken. Zucker, Eigelbe und Milch hineingeben und mit etwas Mehl vom Rand zu einem weichen Brei verrühren. Die Butter in Stücken darauf verteilen und die Zutaten von der Mitte her zu einem glatten Teig verkneten. Den Teig mindestens 30 Minuten kalt stellen.

2 Eine Springform einfetten. Den Teig auf bemehlter Fläche ausrollen, in die Form geben und einen Rand hochziehen. Den Boden mit einer Gabel mehrmals einstechen.

3 Pflaumenmus und Zwetschgenwasser verrühren und auf dem Boden verteilen. Für die Creme den Quark mit Schmand, Eigelben, Zucker und Butter verrühren. Die Masse auf das Pflaumenmus geben und glatt streichen.

4 Den Backofen auf 200 °C (Umluft 180 °C , Gas Stufe 3) vorheizen. Für die Nussdecke in einem Topf Butter, Zucker und Honig erhitzen und einmal aufkochen lassen. Den Topf vom Herd nehmen, die Nüsse einrühren, zuletzt die Milch hinzufügen. Die Masse kalt stellen und vollständig auskühlen lassen.

5 Die Nussmasse auf die Creme geben. Den Kuchen in den heißen Backofen schieben und etwa 45 Minuten backen. Bei leicht geöffneter Backofentür auskühlen lassen.

Tipp

Anstelle von Pflaumenmus können Sie auch Aprikosenkonfitüre verwenden. Streichen Sie 200 Gramm Konfitüre durch ein Sieb und verrühren Sie sie mit 1 Esslöffel Aprikosengeist.

Käsetorte mit Brombeergelee

für 12 Stück

Zubereitungszeit: ca. 75 Minuten
Kühlzeit: ca. 60 Minuten
Backzeit: ca. 30 Minuten

für den Teig

100 g weiche Butter
200 g Zucker
1 TL abgeriebene Orangenschale
3 Eier
1 Prise Salz
125 g Mehl
100 g gemahlene Mandeln
1 EL Orangenlikör
50 g Mandelblättchen

für die Quarkfüllung

4 Blatt weiße Gelatine
2 Eier
100 g abgetropfter Quark
300 g Doppelrahm-Frischkäse
2 EL Zucker
4 EL Zitronensaft
2 EL Orangenlikör
250 g Sahne
250 g Brombeer- oder Himbeergelee

1 Den Backofen auf 180 °C (Umluft 160 °C, Gas Stufe 2-3) vorheizen. Butter, Zucker und Orangenschale schaumig rühren. Eier und Salz zugeben. Das Mehl sieben und zusammen mit den Mandeln unterrühren. Den Likör unterziehen. Eine Springform einfetten, den Teig einfüllen und mit den Mandelblättchen bestreuen. Etwa 30 Minuten backen. Herausnehmen, auskühlen lassen und waagerecht durchschneiden.

2 Für die Creme die Gelatine in kaltem Wasser einweichen. Die Eier trennen. Den Quark durch ein Sieb streichen, mit Eigelb, Frischkäse, Zucker und Zitronensaft verrühren. Den Orangenlikör leicht erwärmen, die abgetropfte Gelatine darin auflösen und unter die Quarkmasse ziehen. Kalt stellen.

3 Sobald die Masse fest wird, Sahne und Eiweiß getrennt steif schlagen und nacheinander unterziehen. 30 Minuten kalt stellen.

4 Den unteren Teigboden mit jeweils der Hälfte des Brombeergelees und der Creme bestreichen. Den oberen Boden aufsetzen und mit der anderen Hälfte Brombeergelee und Creme bestreichen. Sahne mit Vanillezucker, Zucker und Sahnesteif steif schlagen. In einen Spritzbeutel mit Lochtülle füllen und die Torte damit verzieren. Die Torte mit Pistazien bestreuen.

für die Dekoration

250 g Sahne
1 Päckchen Vanillezucker
50 g Zucker
1 Päckchen Sahnesteif
50 g gehackte Pistazien

außerdem

1 Springform (26 cm Ø) gefettet

Erdbeertörtchen

für 12 Stück

Zubereitungszeit: *ca. 45 Minuten*
Backzeit: *ca. 12 Minuten*

für den Teig

150 g Mehl
50 g Zucker
1 Ei
1 Päckchen Vanillezucker
1/2 TL abgeriebene Zitronenschale
100 g kalte Butter

für den Belag

375 g Erdbeeren
125 g Gelierzucker
Saft von 2 Limetten
1 Vanilleschote
500 g Ricotta
125 g Sahne
1 TL abgeriebene Limettenschale
50 g Puderzucker

außerdem

12 Tartelettförmchen, gefettet
Mehl zum Arbeiten

1 Den Backofen auf 200 °C (Umluft 180 °C, Gas Stufe 3) vorheizen. Das Mehl in eine Schüssel sieben, in die Mitte eine Vertiefung drücken. Zucker, Ei, Vanillezucker und Zitronenschale hineingeben. Mit etwas Mehl vom Rand vermischen. Die Butter in Stücken darauf verteilen und die Masse mit Mehl bedecken. Alle Zutaten von der Mitte her zu einem glatten Teig verkneten.

2 Die Tartelettförmchen einfetten. Den Teig auf bemehlter Fläche ausrollen und in die Förmchen legen. Die Törtchen im heißen Backofen etwa 12 Minuten backen. Herausnehmen, aus den Förmchen lösen und auf einem Kuchengitter auskühlen lassen.

3 Die Erdbeeren waschen, abtropfen lassen, mit dem Gelierzucker und dem Limettensaft mischen. Die Beeren etwas zerdrücken. Unter Rühren aufkochen lassen, 3 Minuten sprudelnd kochen, vom Herd nehmen und auskühlen lassen.

4 Die Vanilleschote aufschlitzen, das Mark herauskratzen und in eine Schüssel geben. Ricotta, Sahne, Limettenschale und Puderzucker dazugeben und alles gut verrühren.

5 Die Törtchen mit der Ricottacreme füllen. Die Beeren auf der Creme verteilen. Die Törtchen bis zum Servieren kühl stellen.

Blätterteigtörtchen

für 12 Stück

Zubereitungszeit: *ca. 20 Minuten*
Backzeit: *ca. 20 Minuten*

für den Teig

300 g TK-Blätterteig

für die Quarkcreme

2 Eier
20 g Zitronat
200 g abgetropfter Quark
100 g Schmand
50 g zerlassene Butter
1 Päckchen Vanillezucker
1 TL abgeriebene Zitronenschale
100 g Zucker

außerdem

12 Tartelettförmchen
Puderzucker zum Bestäuben

1 Blätterteig auftauen. Die Eier trennen. Das Zitronat fein schneiden. Den Quark mit den Eigelben, Schmand, Butter, Vanillezucker, Zitronenschale, Zitronat und Zucker verrühren. Die Eiweiße steif schlagen und unterheben.

2 Den Backofen auf 200 °C (Umluft 180 °C, Gas Stufe 3) vorheizen. Den Blätterteig ausrollen. Tartelettförmchen mit kaltem Wasser abspülen, mit Teig auslegen und die Creme daraufstreichen. 20 Minuten backen, herausnehmen, auskühlen lassen und mit Puderzucker bestäuben.

Heidelbeertörtchen mit Quarkpudding

für 12 Stück

Zubereitungszeit: *ca. 40 Minuten*
Kühlzeit: *ca. 15 Minuten*
Backzeit: *ca. 20 Minuten*

für den Teig

6 rechteckige Scheiben TK-Blätterteig (450 g)

für die Puddingcreme

40 g Speisestärke
350 ml Milch
40 g Zucker
150 g Heidelbeerquark
300 g Heidelbeeren
100 g Sahne

außerdem

Mehl zum Arbeiten
12er Muffinblech
12 Muffin-Papierförmchen
Hülsenfrüchte zum Blindbacken
Puderzucker

1 Die Blätterteigplatten nebeneinander auftauen. Dann jede Blätterteigscheibe quer halbieren und auf einer leicht bemehlten Arbeitsfläche etwas größer ausrollen.

2 Die Mulden des Muffinblechs mit kaltem Wasser ausspülen, kurz abtropfen lassen. Jede Mulde mit einer Scheibe Blätterteig auskleiden. Den Teig mit einer Gabel einstechen, ca. 15 Minuten kühl stellen.

3 Den Backofen auf 200 °C (Umluft 180 °C, Gas Stufe 3) vorheizen. Die Papierförmchen auf den Teig stellen und die Hülsenfrüchte einfüllen. Im heißen Ofen ca. 20 Minuten backen. Herausnehmen, auf einem Kuchengitter abkühlen lassen, dann die Törtchenböden vorsichtig aus den Mulden lösen.

4 Für die Puddingcreme die Speisestärke mit 4 bis 5 Esslöffel von der Milch verrühren. Die übrige Milch mit dem Zucker zum Kochen bringen. Die angerührte Stärke zugießen und unter Rühren 1 Minute kochen lassen. Den Topf vom Herd nehmen und den Quark in den heißen Pudding rühren. Den Pudding in eine Schüssel füllen, die Oberfläche mit Frischhaltefolie bedecken und abkühlen lassen.

5 Die Beeren gegebenenfalls waschen und trockentupfen. Den Pudding gut durchrühren. Die Sahne steif schlagen, unter den Pudding heben. Die Blätterteigförmchen mit der Puddingcreme füllen. Die Beeren darauf verteilen. Nach Belieben mit Puderzucker bestäuben.

Impressum

Umschlaggestaltung: Atelier Versen, Bad Aibling

Fotos: Bassermann Verlag, München: 9, 29, 91 (Jaqueline Böttcher, München), 6/7, 11, 13, 15, 17, 19, 21, 23, 25, 27, 33, 37, 39, 66, 73, 81, 83, 85, 87, 89 (Karl Newedel, München); Karl Newedel, München: 40/41, 43, 45, 47, 49, 51, 53, 55, 57, 59, 61, 63, 65; Mosaik Verlag, München: 35 (Köhnen), 69 (Boniselli), 71 (Feuz), 77 (Goldmann), 75 (Pudenz); Stockfood: 79 (Claudia Timmann); Südwest Verlag, München: 31 (Kerth)

Bildredaktion: Melanie Greier

Redaktion: Birte Schrader

Rezepte: Nina Andres: Seite 18, 24, 32, 36 ; Jacqueline Böttcher: Seite 8, 28, 90; Tanja Dostal: Seite 42-64; Oda Tietz: Seite 10, 14, 16, 20, 22, 26, 38, 80-88; Stockfood: Seite 78, restliche Rezepte: Archiv Bassermann/Mosaik/Falken

Satz und Layout: vm-grafik, Veronika Moga, München

Reproduktion: Regg Media GmbH, München

Druck und Bindung: Neografia, Martin

Printed in Slovakia

MIX
Papier aus verantwortungsvollen Quellen
FSC® C020353
FSC
www.fsc.org

Verlagsgruppe Random House
FSC® N001967
Das für dieses Buch verwendete FSC®-zertifizierte Papier *Profimatt* liefert Sappi, Ehingen.

ISBN: 978-3-8094-3320-0